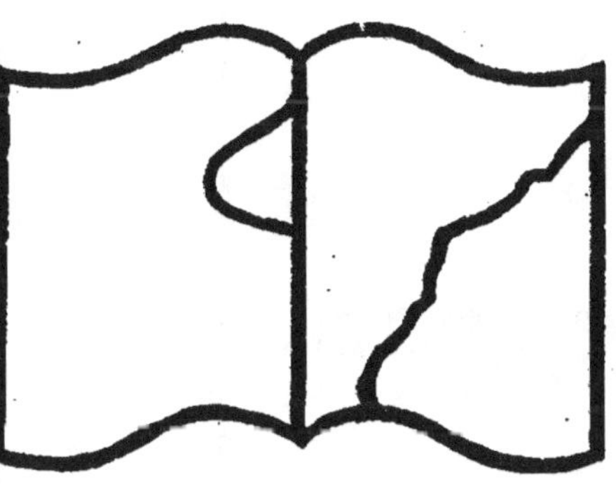

COUVERTURES SUPERIEURE ET INFERIEURE
DETERIOREES

DEBUT D'UNE SERIE DE DOCUMENTS
EN COULEUR

Ernest CHABRAND

Ingénieur, Officier d'Académie

Bibliothèque Historique du Dauphiné

ORIGINE ET SIGNIFICATION

DU

Nom du Queyras

AVEC UNE

VUE DE CHATEAU-QUEYRAS

GRENOBLE

Xavier DREVET, éditeur

Imprimeur-Libraire de l'Académie

14, rue Lafayette, 14

Succursale à Uriage-les-Bains

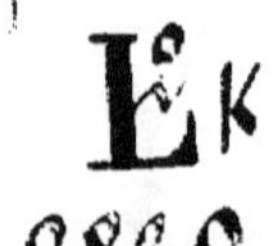

BIBLIOTHÈQUE SCIENTIFIQUE DU DAUPHINÉ

XAVIER DREVET, éditeur, Grenoble

Ouvrages de M. Ernest CHABRAND :

Histoire de la Métallurgie du Fer et de l'Acier en Dauphiné et en Savoie. — Un beau volume in-8º .... 2 fr. 50

Les huit chapitres de l'ouvrage traitent les matières suivantes :

Les gîtes de fer spathique des Alpes du Dauphiné.— Les origines de la sidérurgie alpine. — L'ancienne métallurgie du fer au pays d'Allevard. Ses progrès. État actuel. — Les anciens fourneaux et martinets à fer de la Grande-Chartreuse et du Trièves. — Les hauts-fourneaux éteints de l'Oisans, des vallées de la Romanche et de l'Isère, du Viennois. — Les anciennes aciéries au bois de l'Isère. — La métallurgie du fer dans les Hautes-Alpes. — Les fabriques de fer du Royans et du Vercors dans la Drôme.— La métallurgie du fer dans les Alpes de Savoie.

Les origines de l'exploitation des Mines métalliques et de la Métallurgie dans les Alpes du Dauphiné. Essai historique. — Une brochure in 8º......... .... 1 fr. »

Les Mines d'Or des Alpes Dauphinoises. Un volume in 8º. .... 1 fr. 50

Ravaud (abbé L.-C.) — **Guide du Botaniste en Dauphiné.** — Un beau et fort volume in-12, seul ouvrage traitant de la **flore**, la **bryologie** et la **lichénologie** de l'Isère, de la Drôme et des Hautes-Alpes ..../............. ... . 10 fr.

Le même ouvrage s. vo . divisé en treize excursions à travers les Alp. . des prix variant de 0 fr. 50 à 1 fr. 50.

Gras (Scipion), ingénieur en chef des mines. — **Description géologique de la Drôme** et Statistique minéralogique avec l'indication des mines, carrières, gîtes, etc. — In 8, avec une **Carte géologique** coloriée........................ 12 fr.

Id. — **Description géologique des Basses-Alpes** et Statistique minéralogique du département avec l'indication des gîtes de minéraux, etc. — In-8, avec une **Carte** et des **coupes géologiques** coloriées............. .... 10 fr.

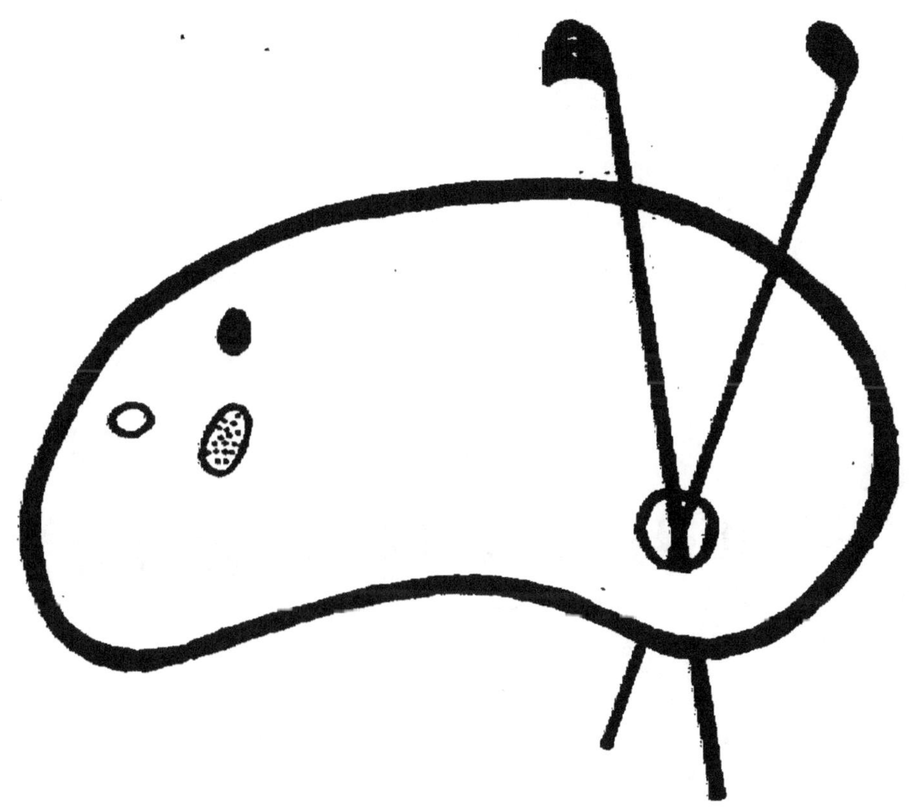

FIN D'UNE SERIE DE DOCUMENTS
EN COULEUR

SIGNIFICATION DU NOM DU QUEYRAS

LE CHATEAU QUEYRAS

Ernest CHABRAND

Ingénieur, Officier d'Académie

Bibliothèque Historique du Dauphiné

ORIGINE ET SIGNIFICATION

DU

Nom du Queyras

GRENOBLE

Xavier DREVET, éditeur

Imprimeur-Libraire de l'Académie

14, rue Lafayette, 14

Succursale à Uriage-les-Bains

Publication du Journal *LE DAUPHINÉ*
Fondateurs : Louise DREVET et Xavier DREVET
Directeur : Xavier DREVET

GRENOBLE

NOTE SUR L'ORIGINE

ET LA

SIGNIFICATION DU NOM DU QUEYRAS

Le nom de *Queyras* s'applique, on le sait, à la rég'on alpestre dauphinoise arrosée par le Guil et ses affluents. Très vagues sont les notions que l'on possède sur les autochtones ou sur l'origine ethnographique des populations primordiales qui peuplèrent ce pays; on sait seulement qu'il eut des habitants, dès les temps les plus reculés et qu'à l'époque gauloise il était occupé par des hommes de race ligure, *Lygies asperi*, ou, peut-être mieux, de race mélangée celto-ligure.

Cette peuplade, qui faisait partie du petit Etat de Cottius, reçut des Romains, après la soumission de la grande et vaillante Confédération des Allobroges et son incorporation à l'E.npire, le nom particulier de *Quaratæ* (1) ou *Quariates* (2).

C'est sous ce dernier vocable qu'elle est citée dans la fameuse inscription de l'arc de triomphe de Suse (3).

La même forme de nom figure dans l'inscription romaine qui se lit sur les linteaux en pierre de taille des portes de la Chapelle de la Madeleine du petit village des Escoyères (4).

Au moyen âge, le Queyras était désigné, dans des Chartes et titres divers, sous les nom de *Quadratum, Quadratium, Quadracium, Cadratium, Cadrassium.*

Vers le XV⁰ siècle, la forme latine médioévale tombe en désuétude et disparait ; l'usage va consacrant les formes nouvelles : *Cayras, Queiras, Queyraz,* d'où est sortie la forme grammaticale actuelle.

Tels sont les changements morphologiques qu'a subis le nom du pays du Queyras, depuis les époques historiques les plus éloignées jusqu'à nos jours.

---

(1) Itinéraire d'Antonin.

(2) Pline.

(3) D'après quelques auteurs, elle est inscrite, dans le texte épigraphique, sous le nom de QVADIATIVM, génitif de QVADIATES; mais cette forme, au dire des philologues, est fautive. Il faut lire QVARIATIVM, donc QVARIATES. « C'est là, dit Héron de Villefosse, en parlant des habitants du Queyras, la vraie forme de leur nom confirmée par le texte de Pline. » (*Mémoires de la Société des Antiquaires de France,* 4⁰ série, t. IX, 1878). L'R incomplet a été pris pour un D. (Allmer).

(4) Voir *Les Escoyères en Queyras,* par le D⁰ Chabrand. (*Bibliothèque Historique du Dauphiné,* Xavier Drevet, éditeur, 1881, petit in-8⁰).

Ce nom, de même que les autres anciens noms particuliers de pays, n'a pas été formé au hasard ; ce n'est pas un mot qu'aucune idée n'éclaire ; comme eux, il a eu dans l'origine, sous sa forme rudimentaire, un sens défini, il a exprimé une idée précise ; il a été déterminé par des circonstances naturelles.

A quelle langue oubliée a-t-il été emprunté ? Quelle en fut la signification primitive ?

Ce sont là des questions (*ineptias Stoïcorum*, comme disait irrévérencieusement Cicéron, en parlant de la science des étymologies), qui ne pouvaient manquer d'exciter l'attention des savants et des commentateurs et d'exercer leur sagacité.

« Son nom, dit Marcelin Fournier, dans son *Histoire Générale des Alpes Maritimes*, en décrivant la vallée du Queyras, est tel, pour la forme quarrée qu'elle fait en ses extremitez comparées entre elles, d'où les manuscrits latins la nomment *Vallis Quadratii.* »

Elle s'appelait aussi *Vallis Quadrata.* Au dire de certains commentateurs, le qualificatif *Quadrata* appliqué à la Vallée, tire sa valeur significative de ce fait que quatre vallées viennent converger et s'entre-croiser, comme en un point central, au pied du château-fort.

Elisée Reclus voit, dans le nom de Queyras, un vocable dérivé du radical celtique *Cair*, lequel, d'après lui, veut dire, pierre, rocher. Si l'on en croit le savant géographe, ce nom propre signifierait *pays des pierres.*

J'incline à penser avec Reclus que le monosyllabe celtique est la forme primordiale ou la forme éteinte d'où est issue la forme moderne ou vivante du nom du Queyras ; mais je suis loin de partager sa manière d'interpréter le sens de cette racine. Sa perspicacité n'a pas trouvé, selon moi, la clé de l'énigme qui se cache sous cette appellation primitive; elle s'est égarée dans une comparaison qui a le défaut d'être inconciliable avec l'aspect général du pays.

Si Reclus avait cherché à déchiffrer l'énigme, non pas dans le silence du cabinet, mais sur le terrain, il eut évité de faire mentir la nature ; il eut bien vite fait de constater que si le régne végétal n'envahit pas de sa verte parure les mille et un replis du sol de nos Alpes Queyrassines, celles-ci ont été gratifiées par la main qui les façonna d'une physionomie riante et coquette qui, si elle ne rappelle pas celle de la verte Tempé des poètes, n'a cependant rien de commun avec le faciès morne et hirsute du *Campus lapideus* auquel son imagination a rêvé de les assimiler.

J'entends quelqu'un me dire : le Queyras, en effet, n'est pas du tout l'image du désert pierreux de la Crau; ce n'est point, comme le prétend Reclus, la région des pierres nues, des entassements de blocs déracinés, mais, l'expression de pays des pierres ne pourrait-elle s'entendre d'une autre façon et trouver sa justification, par exemple, dans la présence de ces monolithes dont la gigantesque silhouette se profile, çà et là, au milieu des champs et des bois de cette pittoresque contrée.

La présence de ces erratiques alpins, pour appeler ces blocs géants par leur nom, ne saurait, à mon avis, être invoquée à titre d'argument, en faveur de l'interprétation de Reclus. Le phénomène, dont ils sont les témoignages, ne les a pas semés par myriades, dans le Queyras; ces reliques d'anciens glaciers ne se rencontrent que sur les pentes de certaines vallées, dressant, de loin en loin, au milieu des prairies et des champs, leurs masses solitaires.

Nulle part, on ne les voit former de ces longues traînées, de ces colonies qui, jonchant le sol de leurs débris anguleux, impriment à la contrée un aspect chaotique, évoquant l'image des paysages morainiques.

C'est ailleurs que dans ces quelques lambeaux de moraines, dans ces grandes pierres, qu'il faut aller chercher les éléments d'une solution scientifique de la question.

Quant aux interprétations auxquelles a donné naissance la forme médioévale du vocable actuel, elles appartiennent au domaine de la fantaisie et ne sauraient satisfaire la critique. Il faut, à un observateur, des yeux doués d'une bien grande complaisance, me semble-t-il, pour découvrir dans le mode de groupement de nos vallées queyrassines, dans le système de leurs lignes orographiques ou l'orientation de leur axe fluvial, la figure géométrique et la symétrique ordonnance que les naïves comparaisons du P. Fournier et des autres commentateurs ont essayé de nous révéler.

Au surplus, la forme médioévale *Quadratium*, forme de transition, par la structure de son élément radical, s'écarte tellement du *Quariates* de Pline, qu'il n'est pas surprenant de trouver les interprétations qu'elle a fait surgir aussi peu rapprochées de la vérité.

Il ne serait pas sans intérêt de savoir comment cette forme bâtarde, dégénérée, a pris naissance et comment elle a pu s'introduire dans la langue écrite, se superposer à la forme romaine et l'éliminer du vocabulaire du moyen âge.

Peut-être s'est-elle glissée dans la langue, ainsi travestie, à la faveur d'une erreur de transcription commise par un copiste ou un « escripvain » ayant mal lu le vocable *Quadiatium* de l'arc de Suse ?

Peut-être, aussi, ce mot a-t-il subi une retouche intentionnelle de la part des érudits du moyen âge (1).

Il n'est pas improbable que les Champollion de cette époque, impuissants à deviner le sens hiéroglyphique de *Quadiatium*, aient, par une substitution de lettres (R à I), tenté de restituer à cet énigmatique vocable, si énigmatique qu'ils en jugeaient la forme suspecte, ce qu'ils croyaient être sa vraie structure.

---

(1) On peut supposer aussi que le *Quariates* de Pline s'est altéré au contact des idiomes barbares qui, durant la période des invasions du ve au xe siècle, furent importés par les diverses peuplades qui se succédèrent dans le Queyras et désorganisèrent et corrompirent si étrangement la langue latine.

Quadiatium, ne voulait rien dire; *Quadratium*, par un simple jeu de lettres, devenait une image vocale ayant à leurs yeux le mérite de signifier ou de figurer quelque chose de concret.

Corrigeant, dans le sens qui lui a paru le plus convenable, le mot, sur le cas duquel, soit dit en passant, il paraît s'être mépris, le moyen âge a forgé, à son tour, une forme défigurée qui, si elle eût prévalu, risquait de faire perdre à tout jamais les traces ancestrales du radical celtique, c'est-à-dire les vestiges de la structure primordiale.

Les formes francisées que, plus tard, l'usage sanctionna, *Cayras*, *Queiras*, etc., marquent nettement le retour au type primitif; avec elles, le lien de filiation réapparaît; leur physionomie reflète si fidèlement les traits antiques du progéniteur qu'on ne peut se refuser à admettre qu'une étroite parenté les unit et qu'elles en sont les rejetons.

Je termine là cette analyse critique des diverses interprétations que les formes multiples du mot ont provoquées, pour en exposer une que je crois nouvelle et que m'a suggérée une étude attentive des lieux, lors d'une récente excursion en Queyras.

J'aime à penser qu'elle ralliera les suffrages unanimes des philologues et satisfera l'esprit de tous ceux qui ont visité la curieuse vallée du Guil.

Il n'est pas de touriste ayant parcouru cette vallée qui n'ait été saisi d'étonnement à la vue de cette protubérance rocheuse (1), taillée en pyramide grossière,

---

(1) Dôme calcaire périclinal surgissant au milieu des Schistes lustrés.

qui, telle une borne colossale, fichée en terre par la main d'un Titan, se dresse barrant la vallée et porte sur sa cime tronquée le pittoresque *fort Queyras*.

Cet accident du sol, par sa masse, par sa forme, par son isolement qui lui donne une physionomie toute particulière, ne fut pas sans parler aux yeux ni sans frapper l'imagination naïve des pasteurs et colons celtiques dont l'âme neuve, nous dit l'histoire, entourait d'un respect superstitieux les Grandes Pierres, comme les formes lointaines des grands sommets ; ils durent éprouver le besoin de signifier au dehors leurs pensées, de traduire leur impression par un mot, j'allais dire par un cri, qui synthétisât les caractères plastiques ou extérieurs de cette sorte de mégalithe. *Cair*, le Cap de pierre, la pointe de rocher, fut le nom de baptême, la dénomination spéciale sous laquelle ils désignèrent cet obstacle naturel, cette saillie pyramidale qui, par son isolement, constituait *une masse individualisée physiquement.*

A ces époques primitives, l'état de guerre permanente était, on le sait, la condition normale de la vie publique ; l'unique souci était de se défendre contre les attaques du dehors ; partout où le relief du terrain le permettait, l'homme, à la conquête de terres nouvelles, choisissait, pour établir ses habitations, un sommet difficile d'accès, une cime facilement défensible.

Il est donc très naturel de penser que les colons celtiques s'empressèrent de tirer parti de la position avantageuse que leur offrait la cime qu'ils venaient de baptiser; en effet, où trouver, alors, lieu de défense plus admirablement situé pour surveiller et garder les avenues du Queyras ?

Ils élevèrent sans doute, sur cette pointe escarpée, une espèce de camp retranché, d'*oppidum*, à l'abri duquel ils installèrent leurs misérables huttes.

Le monosyllabe *Cair* qui tout d'abord désigna le rocher isolé, la dent rocheuse qui surgissait du sol, s'appliqua par extension à la station humaine qui venait de s'y asseoir.

C'est de cette halte, de ce centre d'habitation, que sa situation topographique exceptionnelle fit très probablement ériger en chef-lieu du pays, que le bassin du Guil tira le nom qu'il porte aujourd'hui. Les *Quariates* de Pline seraient donc, non pas les habitants du *pays des pierres*, mais bien du *pays du Rocher seul*. Le sens primitif du radical *Cair* a été celui de *Pointe* ou *Corne de rocher isolée*.

C'est ainsi, pour citer un cas analogue, que le radical celtique *Brig* a désigné, tout d'abord, le rocher escarpé s'élevant au-dessus de la rive droite de la Durance et au pied duquel s'étaient groupées les premières habitations qui ont donné naissance à *Briançon*, puis a formé le nom de la ville, *Brigantium*, celui de ses habitants, *Brigantes* et le nom moderne du pays du *Briançonnais*.

Je laisse aux philologues le soin d'établir la différence qui existe entre les deux racines celtiques *Cair* et *Brig*, au point de vue de l'idée que chacune d'elles exprime.

Je serais incomplet si je ne faisais observer que le radical *Cair* est une souche qui a émis de nombreux rameaux ; ce type phonétique a donné naissance aux mots suivants :

Grec. — Κερασ, Καρη qui signifient : corne, pointe, saillie, d'où par extension : cap, promontoire, angle ou coin saillant, cime, sommet.

Bas latin. — *Serra, Cirrum*, sommet isolé, mamelon.

Vieux français.— *Serre, Serrat*, sommet isolé, mamelon.

Provençal. — *Caires, Queyres*, Crêtes saillantes formées par des bancs de rochers inclinés ou des assises verticales.

Espagnol. — *Cerro* (Diminutifs : *Cerrito, cerrillo*), Cime, sommet.

Anglais. — *Crag*, rocher escarpé.

Il entre dans la structure d'un grand nombre de noms topographiques, servant à désigner soit des sommets, soit des lieux dits, des quartiers, des hameaux, des villes, etc.

Ce radical s'y rencontre, toujours rappelant l'idée primitive de *proéminence*, de *saillie rocheuse isolée*, empruntant à cet état d'isolement le caractère d'une unité topographique. Je vais énumérer quelques-uns d'entre eux ; tous, on le verra, ont la même parenté philologique, une communauté d'origine attestée par la constance de structure de leur organe lexicologique fondamental, c'est-à-dire du radical qui les a formés.

Dans le Queyras.

Le Pic de *Caramentran*, au-dessus du col Agnel, dans la chaîne des Aiguillettes, massif du Viso.

Le Grand *Queyras*, sommet du groupe de Foréant, chaîne des Aiguillettes, massif du Viso.

Le Grand *Queyron* ou *Cayron*, une des cîmes de la chaîne de Bric-Froid, massif de Rochebrune.

Le Serre de Molines, *Le Serre* des Chabrand, hameaux bâtis sur mamelon isolé.

Dans le Briançonnais.

Le Pic des *Queyrettes*, une des pointes de l'Alp Martin, chaîne de Bonvoisin, massif du Pelvoux.

Les *Queyrelles* (1), hameau bâti au pied des escarpements de Puy-Saint-Pierre.

Queyrières (Caireria, 1118) (Queyreria, Castrum Queyreriœ, 1395), hameau de la commune de Saint-Martin-de-Queyrières, au pied de la proéminence connue sous le nom de *Roche Baron*.

Le Grand *Caire*, quartier de la ville de Briançon situé au pied de l'escarpement qui porte Le Château.

Le Son du *Serre*, nom donné à la cloche placée au pied du château, sur le chemin de ronde. On la sonnait jadis pour convoquer le conseil des consuls de Briançon ; on ne la sonne plus aujourd'hui que dans les cas d'incendie.

---

(1) Cayrelle (1332) — Cayrellum (1331) — Villagium de Queyrelis (1437).

Queyrelin, groupe de chalets construits sur la rive droite de la Clarée, vallée de Névache, au pied de la roche escarpée (calcaires compacts redressés et pliés en V) de Queyrelin.

La Queyra, *La Queyrette*, parcelles rurales sises au Mont-Genèvre et appartenant à l'Hospice national.

Cirrum de la Blanca, nom donné à une pointe de rocher qu'on aperçoit à l'extrémité du vallon de Gimont. Il se trouve dans la Sentence arbitrale de 1343 fixant la limite entre les territoires de la communauté de Cézanne et de celle du Mont-Genèvre.

Cervières, village bâti sur les bords de la *Cerveyrette*, au pied du promontoire rocheux et dénudé qui se détache de la montagne de Lasseron dont une des cimes porte le nom de cime de la *Charvie*.

Dans le Champsaur.

Le sommet du *Queyron*, chaîne de Chaillol-le-Vieux.

Dans le Gapençais.

Serres, petite ville qui fut jadis le siège du bailliage de Gapençais, située sur la rive droite du Büech et adossée à un rocher, en forme de promontoire.

Dans l'Isère.

La Dent de *Crolles*.

Le Moucherotte, une des cimes de la chaîne calcaire qui sépare la haute vallée de Lans des vallées de l'Isère et du Drac. Elle domine Seyssinet et Saint-

Nizier. Le véritable nom serait, paraît-il, *Mont-Cheirol* ; cette appellation reflète de façon plus fidèle le radical *Cair*.

HAUTE-SAVOIE.

Le *Charvin* ou *Grand Carre*, vallée de Thônes.

Le promontoire du *Roc de la Chère*, sur le lac d'Annecy, où se trouve le tombeau de Taine.

TARENTAISE.

La Pointe du *Quermoz*, près Moûtiers.

ALPES GRAIES.

Le *Cramont* (Jugum Cremonis) qui domine le col de la Seigne.

ALPES PENNINES.

Le *Cervin*, qui dresse d'un seul jet sa gigantesque pyramide de plus de 2,000 mètres.

DROME.

Le *Grand Serre* (Castrum de Serris), village, chef-lieu de canton de l'arrondissement de Valence.

Le Serre Peyrière, *Le Serre* Chauvière, *Le Serre* de la Fraissière, *Le Serre* de Chabussière, etc., noms donnés à des cimes des montagnes du Diois et des Baronnies.

VALLÉE DU RHÔNE.

Montagne de *Crussol*, se présente comme une crête isolée entre la vallée du Rhône et le vallon de Saint-Péray.

VAR.

Le *Mont-Cheiron*, un des hauts sommets des petites Alpes de Provence; il se dresse, au N. E. de Grasse, comme un gigantesque mastodonte de pierre.

AUDE.

Belcaire, chef-lieu de canton, bâti en amphithéâtre sur une colline que domine un ancien donjon.

PROVENCE.

Beaucaire, sur la rive droite du Rhône, en face de Tarascon.

CANTAL.

Pas de la Cère, entre deux parois escarpées formées par des conglomérats trachytiques de plus de 100 mètres de hauteur.

PYRÉNÉES.

La Tour de Carol, bourg situé sur la route d'Ax à Puycerda (Catalogne) au débouché d'une vallée que les anciennes chartes dénommaient *Quérol;* sur un escarpement granitique s'élèvent les deux tours de Carol et en aval le bourg de la Tour de Carol.

Céret, à mi-côte sur le versant nord de la chaîne des Albères et dominé par le pic de Boularic.

La Tour de *Quer-Roïg*, ancienne tour de guet de la fin du XIIIe siècle ; elle se dresse au haut d'un pic de 500 mètres sur une arête de collines servant de ligne frontière entre l'Espagne et la France, à 1,500 mètres environ du cap Cerbère.

Quérigut, chef-lieu de canton, sur la route de Quillan à Mont-Louis, situé entre deux crêtes de granit, l'une portant une église et les restes d'un château.

Le Serrat d'en Merle, sommet rocheux, près Amélie-les-Bains, vue admirable sur la Méditerranée.

Le Serrat del Fourque, près Amélie-les-Bains.

BRETAGNE.

Carnac, bourg du Morbihan, fameux par ses alignements de *pierres levées* ou *Menhirs*.

ARIÈGE.

La montagne de *Queire* se dresse en promontoire au-dessus de la petite ville de Massat, entre Saint-Girons et Tarascon.

ESPAGNE.

Cerro del Conjuro, sommet du versant sud de la Sierra Nevada, province de Grenade.

Cerro de la Plata, *Cerro* de Hierro, etc.

PÉROU.

Cerro del Pasco.

RÉPUBLIQUE ARGENTINE.

Cerro Negro.

MEXIQUE.

Cerro Colorado.

EGYPTE.

Le Caire. Au S.E. du Caire se dresse, en falaise escarpée, sous forme d'éperon, le massif anticlinal du Mokattam.

ITALIE.

Cherasco ou *Querasque*, sur une éminence, au confluent de la Stura et du Tanaro.

A ces noms, j'ajouterai ceux de : Alpes *Carniques*, *Carnutes*, etc., *Cairn*, qui signifie pyramide de pierres.

Dans le patois des Alpes Cottiennes, on trouve l'expression *maceiroun*, qui veut dire mamelon ou côteau allongé.

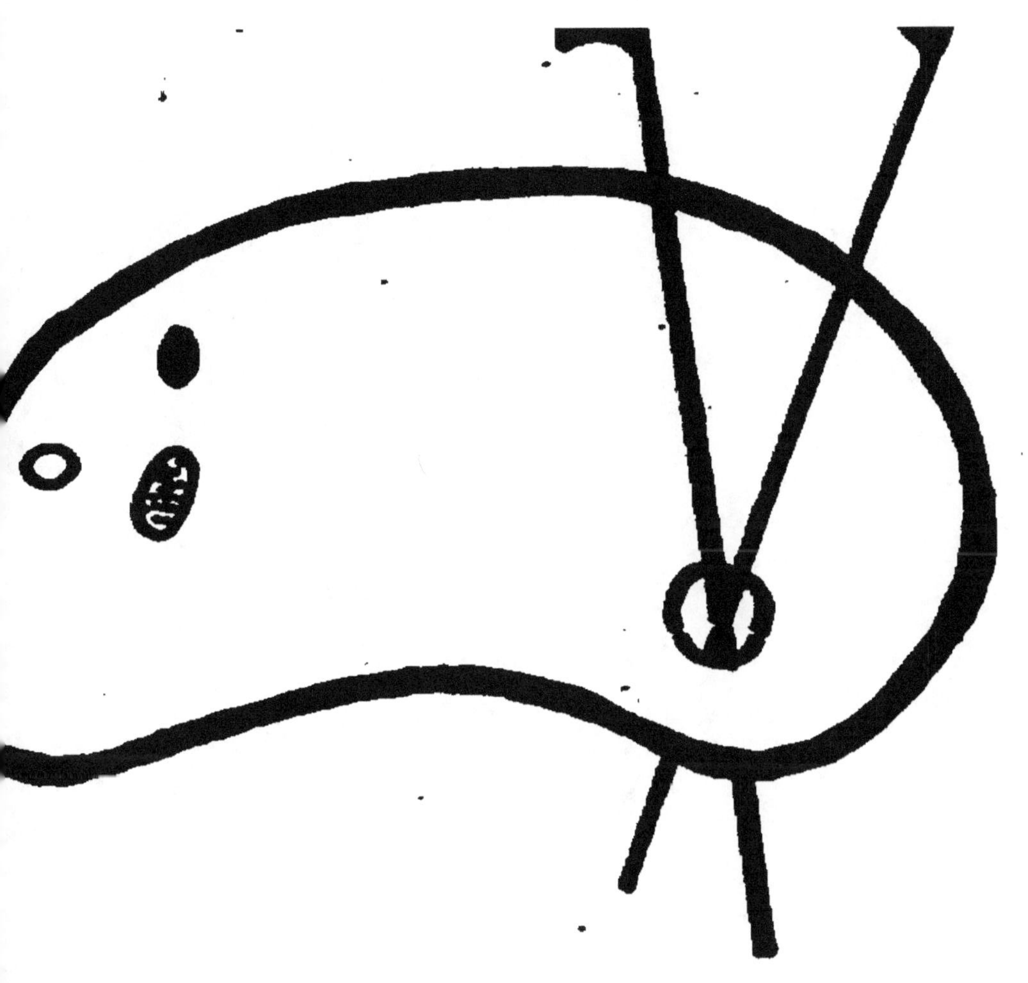

ORIGINAL EN COULEUR

NF Z 43-120-8